गौरैया का शोकगीत

विशोक

माँ एवं पिता जी को समर्पित

क्रम-सूची

क्रम-सूची

प्रस्तावना

काव्य एक कला है—इस कथन का उल्लेख महान यूनानी दार्शनिक अरस्तू ने अपनी उत्कृष्ट रचना "अरस्तू का काव्यशास्त्र" में किया है। इस कथन को अरस्तू ने काव्यशास्त्र के शुरुआत में ही उल्लेखित करते हुए यह स्पष्ट कर दिया है कि चित्रकला अथवा किसी भी अन्य कलाकार की ही तरह कवि अनुकर्ता है। (अरस्तू का काव्यशास्त्र; पृष्ठ संख्या. 66)

चूंकि काव्य एक कला है, विधा नहीं है। अतएव काव्य की कला की सौंदर्यता का मूल स्रोत मानव सम्बन्ध, विभिन्न मानवीय भाव तथा नैसर्गिक प्रकृति है। और एक कवि मानवीय सम्बन्धों की खूबसूरती, उथलपुथल और विभिन्न मानवीय भाव जिसमें सुख, दुःख, विरह, संताप, समर्पण, एकाकीपन, बंधुत्व, प्रेम, क्रोध, ईर्ष्या इत्यादि मुख्यरूप से शामिल हैं तथा नैसर्गिक प्रकृति के सौंदर्य को काव्य की कला के माध्यम से उद्घाटित करता है, उसकी मूर्त रूप में विवेचना करता है। यही एक कवि की काव्य कला की कलात्मक सिद्धि होती है।

अरस्तू काव्यशास्त्र में काव्य कला की विवेचना करते हुए लिखते हैं कि काव्य कला—लय, राग और छंद सभी का यथोचित प्रयोग करते हुए सुशोभित होती है। काव्य के प्रकारों का उल्लेख करते हुए अरस्तू रौद्रस्रोत, राग-प्रधान काव्य, त्रासदी और कामदी को संदर्भित करते हैं। और यह निष्कर्ष निकालते हैं कि काव्य में एक कवि को रौद्रस्रोत, राग-प्रधान काव्य, त्रासदी और कामदी में या तो यथार्थ जीवन में श्रेष्ठतर रूप प्रस्तुत करना होगा, या हीनतर या फिर यथावत रूप। (अरस्तू का काव्यशास्त्र; पृष्ठ संख्या. 9)

काव्य कला की अरस्तू की विवेचना से यह ठीक प्रकार से समझा जा सकता है कि एक कवि काव्य की रचना में लय, राग और छंद का यथोचित अनुकरण करते हुए काव्य कला की विषयगत सौंदर्य को या तो यथार्थ जीवन में श्रेष्ठतर रूप में प्रस्तुत करता है या उसे हीनतर रूप में उद्घाटित करता है या फिर यथावत रूप में समाज के सम्मुख प्रकट कर देता है। कवि का यह काव्य कला कौशल समाज को काव्य कला के प्रति व्यक्तिगत दृष्टिकोण बनाने की स्वतंत्रता भी देता है। अस्तु काव्य कला को अमूमन प्रत्येक व्यक्ति एक भिन्न दृष्टिकोण से देखता, पढ़ता और उसकी विवेचना करता है।

काव्य कला के कौशल में पारंगत जब कोई व्यक्ति मानवीय सम्बन्धों, मानवीय भावों तथा नैसर्गिक प्रकृति की खूबसूरती के साथ विवेचना करता है तब वह काव्य कला कौशल की लय, राग और छंद का प्रयोग करता है। इस तरह से लय, राग तथा छंद का प्रयोग काव्य को जन्म देता है। जिसमें लययुक्त काव्य पढनीयता के परिपेक्ष्य से प्रीतिकर होता है, वहीं रागयुक्त काव्य श्रव्य में माधुर्यता प्रकट करता है, और इन दोनों के ही विपरीत छन्दयुक्त काव्य काव्य कला की रूपरेखा को एक आयाम प्रदान करता है। हालांकि मुक्तक काव्य में छंद की कई अनिवार्यताएं लगभग खत्म या फिर नदारद हो जाती है।

जिस प्रकार से जीवन अपने विस्तार में नए आयामों को गढ़ता है और मुक्त रूप से नई सम्भावनाओं को स्वयं में शामिल करता है; ठीक उसी प्रकार काव्य कला भी समय तथा काव्य कला कौशल के अनुरूप अपने स्वरूप को बदलती है और नए आयामों को गढ़ती है। वर्तमान समय के परिपेक्ष्य में काव्य कला का मुक्तक रूप इसका एक प्रमुख उदाहरण है।

'गौरैया का शोकगीत' काव्य संग्रह में वर्णित काव्य रचनाएं मुख्यरूप से काव्य कला के मुक्तक स्वरूप में लिखीं गईं हैं। जो काव्य रचनाएं लय, राग और छंद की पारंपरिक मान्यताओं और अनिवार्यताओं से आगे बढ़कर मुक्त रूप से विचरण करती हैं। इस प्रकार गौरैया का शोकगीत काव्य संग्रह में उल्लेखित काव्य रचनाएं वाच्य में लयबद्ध, श्रव्य में रागयुक्त तथा तकनीकी रूप से छन्दबद्ध प्रतीत नहीं होंगी, लेकिन इसके विपरीत इस काव्य संग्रह में लिखिति काव्य रचनाएं जीवन, मनुष्य तथा प्रकृति से जुड़ी उन भावों, संवेदनाओं तथा व्यथाओं को मार्मिकता से महसूस करने की एक अंतर्दृष्टि देंगी जिन्हें अक्सर हम अनदेखा कर देते हैं। इसके साथ ही इस काव्य संग्रह में उल्लेखित काव्य रचनाओं को बेहद ही आसानी से पढ़ा जा सकता है, लेकिन काव्य रचनाओं में निहितार्थ को समझने हेतु दो पल ठहरकर विचार करने की आवश्यकता पाठकों को पड़ सकती है।

अब 'गौरैया का शोकगीत' काव्य संग्रह आपके समक्ष प्रस्तुत है। यथोचित सुझाव, त्रुटि या बदलाव हेतु मेल कर सकते हैं।

विशेक

16 फरवरी 2023, नई दिल्ली

vishekgour@gmail.com

1. एक कवि क्या है?

एक कवि क्या है?
एक दुःखी मनुष्य जो अपने हृदय में गहरी पीड़ा छुपाता है। लेकिन जब उसके सधे हुए होठों से आह और रोना गुज़रता है तो वह प्यारा सा संगीत प्रतीत होता है। जिस कवि के इर्दगिर्द लोगों का हुजूम होता है और वह हुजूम कहता है कि "जल्द ही फिर से गाइये।" यानी कि मेरी नवीन पीड़ाएं मेरी आत्मा को कष्ट पहुँचाती रहें लेकिन मेरे होंठ पहले की तरह ही सधे रहने चाहिए। क्योंकि हमारी आह हमें भयभीत करती है, लेकिन जो संगीत है वह आनन्दमय है।
~सोरेन कीर्केगार्ड

2. काफ्का मर गया

न्यूज़रूम में ख़बर आई
काफ्का मर गया
मैंने पूछा
कौन काफ्का?
चीफ़ एडिटर ने बताया कि
वही जिसने
द मेटामॉरफोसिस कहानी लिखी
वही जिसने
द ट्रायल लिखा
जिसकी कहानियों और उपन्यासों में
बीयूरोक्रेसी और व्यक्तिगत अंतर्द्वंद्व है

यह सुनकर मैंने कहा
अच्छा,
पर काफ्का तो कब का मर गया है
मेरे चीफ़ एडिटर ने कहा,
तुम्हारा दिमाग तो ठिकाने पर है न?

मैंने कहा,
हाँ, मैंने द मेटामॉरफोसिस में काफ्का को

रेंगते हुए
एक कीड़े की भांति मरते हुए
देखा
मैंने पढ़ा कि कैसे
द ट्रायल में काफ्का की
जिंदगी नर्क बन गई और
दो अज्ञात पुलिसकर्मियों ने उसे जान से मार दिया

❦❦❦

तुम पागल हो गए हो क्या?
वो सभी तो काल्पनिक कहानियां हैं
ओह!
तो अब काफ्का जिंदा रहेगा!

❦❦❦

तुम घर जाओ,
श्रुति तुम एक बढ़िया सी हेडलाइन बना दो!

3. मैं वसंत हूँ

मैं वसंत हूँ
थोड़ा मिट्टी का रोपित
अधिक अपनी प्रेमिका की आंखों के आंसुओं से सींचा
मैं आया हूँ
पतझड़ को विदा करके
उन पीयर पत्तों से मुँह मोड़कर
धरा पर,
मिट्टी को चीरकर
रोपित हुए
अपने—हाँ; मेरे तरुण वृक्षों पर आए
नए पल्लवों को भेंटने

मैं वसंत हूँ
थोड़ा व्यग्रता लिए
अधिक अपनी प्रेमिका की विनम्रता से निर्मित
मैं आया हूँ
उग्र हवाओं को विदा करके
उन तपिश पवनों से मुँह मोड़कर
धरा पर,
मिट्टी को चीरकर
रोपित हुए

अपने—हाँ; मेरे कोमल पौधों पर आए
नए फूलों को भेंटने

मैं वसंत हूँ
गुज़र जाऊंगा
नूतन से पुरातन हो जाऊंगा
फिर पतझड़ आएगा
मैं मुस्काउंगा!

4. ट्रेनें

पटरियों से वचनबद्ध
डिगे रहने को
अभ्यस्त
असंख्य यात्रियों का भार लिए
कटिबद्ध है
ट्रेनें क्रमबद्ध और
वचनबद्ध हैं

ट्रेनों के थोड़े विलम्ब होने पर
जिस रफ़्तार से हम
बकते हैं
गालियां
उससे हज़ारों गुनी रफ़्तार से
ट्रेनें
हमें गंतव्य तक
पहुँचाने को कटिबद्ध हैं
वचनबद्ध हैं

ट्रेनें सिर्फ नहीं ढोती भार
यात्रियों का

5. कविताएं

कुछ पंक्तियों को नहीं मिला
कोई अलंकार
न ही,
शब्दों को सींचा गया रसों से

मेरे, तुम्हारे और हमारे
सभी के स्पर्श के
अभाव तले
मर गईं कई
कविताएं

मैं, आप और हम
कविताओं के हत्यारे हैं!

6. दो पैरों वाला जानवर

एक आदमी जंगल में आया
दो पैरों पर चलता हुआ
एक नदी के पास
ठहर गया

जानवर उसे देखने लगे
एक ने कहा कि
वो देखो
दो पैरों पर चलने वाला
जानवर

एक ने कहा कि
वो देखो
उसने चश्मा पहना हुआ है और
बाल संवारे हुए है
उसके पैरों में जूता है

हाँ, यह वही जानवर है
जो पेड़ काटता है और

इमारतें बनाता है
जंगल की छाती पर
सड़क बनाता है और
मोटरों में बैठकर
गुज़र जाता है

हाँ, यह वही जानवर है
जिसने बनाई है
फैक्टरियां
जिनसे निकले वाले ज़हरीले पानी से
हमारी नदी की मर जाती हैं
मछलियां
और जिसे पीकर
गप्पू हाथी पड़ा हुआ है
बेबस और बीमार

देखो, देखो वह मिला रहा है
किसी को फोन
फोन से याद आया
इसने ही बुना है नेटवर्क का जाल
जिसकी वजह से लुप्त हो गईं हैं
गौरैया

यही है
वो दो पैरों वाला जानवर
जो चुरा ले जाता है
मधुमक्खियों से उनकी मेहनत
उनका अनमोल शहद

❧❧❧

इसने ही
हमारे दोस्तों को मारकर
उनकी चमड़ी से बनाया है
जूता
जिसे पहनकर झाड़ता है
रौब

❧❧❧

इसने ही
हमें मजबूर किया है
करने पर पलायन
छोड़ने पर अपना धरोहर
अपना घर
जंगल

❧❧❧

देखो, देखो
वह बढ़ा चला आ रहा है
हमारी ही तरफ
भागो यहाँ से

पूरे जंगल में कर दो
घोषणा
दो पैरों वाला जानवर आया है!

7. जब होगी पहली बारिश

जब होगी पहली बारिश
और मेरी नग्न त्वचा पर
पड़ेगी पहली बूंद
खिल उठेगा अंतर्मन
मन बन जाएगा
नील गगन
मंडरायेंगे खग मन नभ में
भर जाएंगे
ताल तलैया

जब होगी पहली बारिश
फूटेंगे नव तरुणों में
प्रेम के अंकुर
चिमनियां पड़ जाएगी ठप
थम जाएगा कोलाहल
शहर भर का
रुक जाएंगी मोटरगाड़िया
नहीं बैठेंगी सवारियां
सब आकाश में करेंगे
ताका झांकी
भिगाएंगे अपना अंतर्मन

❧❧❧

जब होगी पहली बारिश
बच्चे निकल पड़ेंगे घरों से
लिए हाथ में कागज की
नैया
पार लगाने निकल पड़ेंगे
ढूंढेंगे ताल-तलैया
छपक छपक कर करेंगे
मस्ती
बन जायेंगे मन के मौजी
नहीं सुनेंगे अम्मा की
बात
कमीज़ फेंक देंगे
उतार कर तन से
लेंगे डुबकी
तलैया में
मार

❧❧❧

जब होगी पहली बारिश
प्रेमी खोल लेंगे
अपना छाता
एक छाते में एकदूसरे को
बचाते
भीग जायेंगे थोड़ा-मोड़ा
बैठ जायेंगे कहीं किसी टपरी पर

हाथ पकड़ लेंगे
चाय की चुस्कियां

जब होगी पहली बारिश
किसानों की आँखों में
आ जाएगी एक
चमक
फसलों को देख मिलता
वर्षा जल
खिल उठेगा किसान का
अंतर्मन
बड़ी ही प्रीति से
वह करेगा ईश्वर का
धन्यवाद

जब होगी पहली बारिश
मैं लिखने बैठ जाऊंगा
प्रेम-पत्र

8. अगली बार

अगली बार
जब हम मिलेंगे
थोड़े मटमैले दिखेंगे
यादों से सने हुए
पश्चाताप में डूबे हुए नहाए हुए

अगली बार
जब हम मिलेंगे
हंसते हुए रो पड़ेंगे
टूट पड़ेगा यादों का बांध
जो थे हम मटमैले धुल कर निखर जाएंगे

अगली बार
जब हम मिलेंगे
नहीं निकलेगा मुँह से कोई शब्द
न ही बोल पाएंगे एक वाक्य भी
सारा आक्रोश पड़ जायेगा शिथिल

अगली बार
जब हम मिलेंगे
बैठे रहेंगे घण्टों एक साथ
फिर भी एक दूसरे से होंगे कोसों दूर
मीलों की यात्रा के रह जाएंगे निशां

अगली बार
जब हम मिलेंगे
गोधूलि की बेला होगी
सूर्य मद्धिम हो जाएगा
चिड़ियों की चहचहाहट में
गुम हो जायेगा
हमारे हिस्से का शोर

अगली बार
जब हम मिलेंगे
दिनकर प्रभामंडल में
हो जायेगा आच्छादित
मखमली धूप हमारे
अंतर्मन को कर देगी
परिष्कृत

अगली बार
जब हम मिलेंगे

फिर से तरुण हो जाएंगे

9. अंत में

अंत में
गोधूलि की बेला में
सब जी उठेंगे
सूखे पत्ते
पलाश का वृक्ष
ठहरी नदी की धारा
समूचा मानव संकाय

अंत में
यादें जी उठेंगी
स्मृतियों में प्रस्फुटित होगा
कोपल
नग्न त्वचा पर
लोटेंगे छुअन के द्वीप

अंत में
जंगल में गुंजायमान होगा
गौरैया का शोकगीत
पपीहे का रुदन
तिमिर अंधेरे में फूटेगी

रौशनी की एक
किरण

अंत में
कलियां बनेंगी
फूल खिलेंगे
मुझायेंगे नहीं
पीय के स्पर्श से पूर्व
सूरज की किरण नहीं होगी
मद्धिम

अंत में
बहेलिया बैठ जाएगा
छोड़कर अपना जाल
सुनने गौरैया का शोकगीत

10. एक कवि

तुम मेरी
चार फूहड़ पंक्तियां पढ़कर
कहोगे कि मैं एक कवि हूँ

मैं अट्टहास करूंगा और कहूंगा
तुम मूर्ख हो
तुम अपनी समस्त मूर्खता को
लील जाओगे
पर नहीं पचा पाओगे
शब्द मूर्ख

तुम उठोगे और मेरा कॉलर पकड़ लोगे
खींचकर गिरा दोगे स्टेज से
एक आदमी की भांति
बकोगे मुझे गाली
तेरी माँ $#@ तेरी हिम्मत कैसे हुई
मुझे मूर्ख कहने की
तू होता कौन है?

मैं अपने कुर्ते का कॉलर
फटता हुआ देख
मुस्कुराउंगा
स्टेज पर एकबार फिर से
चढ़ने का करूंगा
प्रयत्न

लिखूंगा चार पंक्तियां
करूंगा उनकी सत्यता की जांच
और कवि कहलाने से खुद को बचाऊंगा!

11. जो जीतेगा

जो जीतेगा
पंक्ति में
वह अगले ही पल हार जाएगा

अगली पुनरावृत्ति में
छांट दिया जाएगा
यह कहकर कि
उसकी अभिव्यक्ति में नहीं हैं
उद्दाम शब्द

अनुस्वार में नहीं बांधे उसने क्रम
उसकी जुबां लड़खड़ा गई
शब्दों के उच्चारण में
वह नहीं है
एक कवि
एक श्रोता
और न ही एक पाठक

फिर पंक्ति से निकलकर
जीतने की ललक लिए
जो नहीं हारेगा मन से
आँखों में जिसकी नहीं दिखेगा
पश्चाताप का दृश्य
जिसकी मुट्ठी भिंचीगी
बांधने के लिए
हौसला
वह जीत जाएगा

जो जीतेगा
पंक्ति में
अगले ही पल हार जाएगा!

12. अंत में खिलेगा

अंत में खिलेगा
उत्सव का फूल
फूहड़ तरीके से नहीं
खूबसूरत तरीके से

मैंने अंत तक का हौसला
बांध रखा है
अपनी अदना सी मुट्ठी में
और तितली की भांति बना रखा है
अपने अंतर्मन का कोना
थोड़ा इंद्रधनुषी और ज्यादा आकर्षक

जब अंत आएगा
तब मेरा दुःख लेगा मुझसे विदा
मैं अपने दुःख की विदाई पर
थोड़ा मुस्कुराउंगा पर
कहीं अधिक रोऊंगा

मेरे दुःख ने मुझे थामे रखा था
फूल के खिलने तक
तितली के आगमन तक
अंत तक
मेरा दुःख पल पल था
मेरे साथ
मेरे अकेलेपन में मेरा हौसला अफ़ज़ाई करते हुए
कंधे पर रखकर हाथ जिसने
मेरे आंसू पोछें

जब अंत आएगा
तब मेरा अकेलापन लेगा मुझसे विदा
मैं अपने अकेलेपन की विदाई पर
थोड़ा खुश होऊंगा
कहीं अधिक उदास हो जाऊंगा

मेरे अकेलेपन ने मुझे थामे रखा था
फूल के खिलने तक
तितली के आगमन तक
अंत तक
मेरा अकेलापन पल पल था
मेरे साथ
मेरे दुःख में मेरा हौसला अफजाई करते हुए
कंधे पर रखकर हाथ जिसने
मेरे आंसू पोछें

अंत में खिलेगा
उत्सव का फूल
फूहड़ तरीके से नहीं
खूबसूरत तरीके से

13. दुःख का आत्मबोध

मैं बैठा था
मेज पर लिए अपनी कविता की एक पुस्तक
पन्ने उल्टा उल्टा के पढ़ रहा था
दुःख पर लिखीं पंक्तियां

पंक्तियों में था वर्णित अलंकार
अलंकार में छिपे हुए थे रस
और मेज पर पसरा हुआ था
मेरा दुःख

मौन लेकिन उड़ाता हुआ
मेरे जीवन का मखौल
ततेर कर आँखे
मुझे आत्मा के दुःख का आत्मबोध कराते हुए

मैंने सहसा हिम्मत जुटाई और
उठाकर दुःख को दिया फेंक
कमरे से बाहर
गिर पड़ा मेरा दुःख औंधे मुंह

मौन लेकिन फिर भी
उड़ाता हुआ
मेरे जीवन का मखौल

❧❧❧❧

मैं उठा कुर्सी से और
झट से कर दिया दरवाजा बंद
लौट आया मेज के पास
बैठ गया कुर्सी पर आराम से
मदमस्त

❧❧❧❧

पढ़ने लगा अपनी लिखीं कविताओं को
हर्फ़-दर-हर्फ़
तभी मुझे दृष्टिगोचर हुआ
एक और दुःख
मौन लेकिन उड़ाता हुआ
मेरे जीवन का मखौल

❧❧❧❧

मैंने पुस्तक फेंकी मेज से दूर
उठा लाया माचिस की डिब्बी
और थोड़ा सा केरोसीन
उड़ेल दिया पुस्तक पर
और जलाई दियासलाई
उठा एक गर्म भभका
मेरे अंतर्मन में

पन्ने जल गए
पंक्तियां हो गईं खाक
अलंकार के रस गए मिट
मेरे जीवन से
दुःख का बोध मुझे ले मरा!

14. बाघ ने की आत्महत्या

जंगल वाकिफ़ है
बहेलिए और शिकारी शब्द से
जंगल नहीं जानता
आत्महत्या क्या होता है

खरगोश और कछुए की रेस के लिए
पूरा जंगल तैयार हो चुका है कि
तभी खबर आती है कि
बाघ ने आत्महत्या कर ली है

खरगोश और कछुआ बीच में रुक जाते हैं
कछुआ गति में धीमा है और खरगोश तेज़
बाकी जानवर किस अर्थ में धीमे और तेज़ हैं
आइये जानते हैं

क्या बकते हो
बाघ ने आत्महत्या कर ली है
शेर ने दहाड़ते हुए कहा

अरे, यह खबर कौन सुना रहा है
यह भी तो देख लो शेरखान
लोमड़ी है यह लोमड़ी
मगरमच्छ ने पानी से बाहर आते हुए कहा

❧❧❧

अगर बाघ ने आत्महत्या की है तो
हमें उसकी चीख क्यों नहीं सुनाई दी?
गीदड़ ने अपना जीभ मुँह पर फेरत हुए कहा

❧❧❧

हटाओ चींखें और हटाओ दहाड़े
यह बताओ बाघ ने आत्महत्या कैसे की?
उसके पास रस्सी कहाँ से आई?
हाथी ने हवा में सूंड़ लहराते हुए कहा

❧❧❧

लोमड़ी तुमने आज नाश्ते में क्या खाया था?
तुम्हारी किसी से कोई बहस तो नहीं हुई थी न?
और तुम गाजर तो खाती हो न?
सांप ने फुफकारते हुए पूछा

❧❧❧

जंगल में जानवरों को शिकारी मारते हैं
और पक्षियों को बहेलिया
जंगल में जानवर मारते हैं, मारे जाते हैं

पर खुद से मरते नहीं है
शेर ने रेस के आयोजन को शुरू करते हुए कहा

❧ ❧ ❧

पर शेरखान,
मैं लोमड़ी हूँ इसका अर्थ यह नहीं कि
मुझमें धूर्तता एवं चालाकी भरी हुई है

❧ ❧ ❧

मुझे पंचतंत्र की कथाओं में
उन मनुष्यों के द्वारा बदनाम किया गया है
जो खुद अविश्वासी और कपटी हैं

❧ ❧ ❧

मैं सच कह रहीं हूँ,
बाघ ने आत्महत्या की है
एकबार आप सब लोग
इस रेस के आयोजन को स्थगित करके
मेरे साथ चले तो सही

❧ ❧ ❧

आयोजन के स्थगित होने की बात सुनकर
खरगोश ने आक्रोश में कहा
सुनो लोमड़ी,
तुम इतनी दृढ़ता से कैसे कह सकती हो कि
बाघ ने आत्महत्या ही की है

❧ ❧ ❧

ऐसा भी तो हो सकता है कि
बाघ को किसी इंसान ने मारकर
रस्सी से लटकाकर छोड़ दिया हो

❧❧❧

खरगोश भाई
ऐसा बिल्कुल हो सकता है पर
मैं इंसानी गंध से भलीभांति वाकिफ़ हूँ
और जिस पेड़ से लटककर बाघ ने आत्महत्या की है
उस पेड़ के आस पास में भी किसी इंसान की गंध नहीं है

❧❧❧

चलो ठीक है, हमनें मान लिया कि
बाघ ने आत्महत्या की है लेकिन
यह बताओ बाघ ने रस्सी का फंदा कैसे बनाया होगा?
खरगोश ने फिर से बिफरते हुए कहा

❧❧❧

इस प्रश्न पर लोमड़ी का मुँह सिल गया
बाघ की आत्महत्या की खबर को
लोमड़ी की मानसिक उपज मानकर
नज़रअंदाज़ कर दिया गया

❧❧❧

रेस की शुरुआत हुई
रेस के दौरान जंगल में ढोल नगाड़ों की गूंज उठी

खरगोश और कछुए को प्रोत्साहित किया गया
रेस खत्म हुई
रेस में लोमड़ी की जीत हुई
और पूरा जंगल हार गया!

15. गौरैया का शोकगीत-1

जब मुझे दुःख ने घेरा
मैं अपने आस पास देखने लगा
कि कहीं कोई मिल जाये
जिसके साथ मिलकर
मैं करूँ दुःख से दो हाथ

पर मेरे आस पास था
मुझसे भी अधिक दुःखी
लोगों का जत्था

मैं पड़ गया निढाल
घोर निराशा ने लिया
मुझे जकड़
दुःख चाट गया मुझे भीतर तक

मैंने दुःख को भीतर से बाहर लाने के क्रम में
लिखीं कविताएं
कविता में बनाया एक जंगल
और उसमें भटक गया

एक गौरैया की करी कल्पना और
उससे अपने हिस्से का शोकगीत गवाया

❧❧❧

मैंने एक बोधि वृक्ष की करी रचना
और बैठ गया
उसके नीचे कई दिनों तक
मेरे केश हो गए लंबे
दाढ़ी ने मुँह को ढक दिया
कमजोर पड़ गया
मेरा शरीर
मैं इससे पहले कि मृत्यु को होता प्राप्त
गौरैया ने मेरे कानों में एक बार फिर से गा दिया
मेरे हिस्से का शोकगीत

❧❧❧

मैं उठ खड़ा हुआ
एकदम तनकर
गले को किया साफ और ली एक लंबी सांस
फिर भरी एक हुंकार
जंगल गुंजायमान हो उठा
सहम गए जानवर पक्षी उड़ गए
धरकर आसमान

❧❧❧

पर गौरैया वहीं रुकी रही
गाती रही मेरे हिस्से का शोकगीत

उसकी आवाज में थी
मेरे हिस्से की पीड़ा
मेरे हिस्से का दुःख
मेरे हिस्से की निराशा

❧ ❧ ❧

कुछ ही पल में जंगल में छा गया
तिमिर अंधेरा
जानवर लौट आये
और बैठ गए
मेरे इर्दगिर्द
पूछने लगे मेरे दुःख का कारण

❧ ❧ ❧

मैंने कहा कि
तुम पूछते हो मेरे दुःख का कारण
यह बताओ तुमने कभी लिखी है
कोई कविता?
भरी है हुंकार?
उठा है तुम्हारे भीतर
कभी अंतर्द्वंद्व का तिमिर
ज्वार भाटा?
तुम भटके हो कभी
लक्ष्यविहीन?

16. जब माँ मरी

उस दोपहरी जब मोहल्ला सो रहा था
घर में चीखें गुंजायमान हो गईं
जब माँ मरी

ओसारे में एक पंक्ति में घर के लोग बैठ गए
माँ के अगल बगल, दिनचर्या को छोड़कर
जब माँ मरी

मैं स्तब्ध था साथ में स्तब्ध थे पिता हाथ पर हाथ धरे
रोने की सुगबुगाहट मेरे हृदय में उत्पन्न हुई
जब माँ मरी

रिश्तेदारों से पहले मुहल्ले भर के लोग जमा हो गए
खचाखच भर गया घर का ओसारा और आँगन
जब माँ मरी

माँ का चेहरा ढक दिया गया पिता के रुमाल से
जला दिया गया अगरबत्तियों का एक पूरा बंडल

जब माँ मरी

अगरबत्तियों से घर हो गया सुगन्धित गुम हो गई माँ की
खुशबू
केले के पत्तों को घर की दहलीज़ पर खोंस दिया गया
जब माँ मरी

तत्क्षण माँ का खिलखिलाहट भरा चेहरा हुआ मुझे
अवचेतन
मैं भीतर से भागकर भीड़ को चीरता हुआ पहुँचा माँ के
सम्मुख
जब माँ मरी

माँ को देख मेरे भीतर एक लाचारी ने कर लिया घर
पर मुझसे भी लाचार थे पिता हाथ पर हाथ धरे मौन
जब माँ मरी

रिश्तेदारों को जब मिली ख़बर फौरन दिखे वह द्वार पर
करने लगे उम्र और बीमारी की बातें पिता की लाचारी की
बातें
जब माँ मरी

पिता ने रिश्तेदारों को जलपान कराया घर के भीतर बैठाया
कंधे उनके भींचे हुए थे घोर निराशा से वह घिरे हुए थे
जब माँ मरी

❧❧❧

घर में थे हम तीन सदस्य माँ, पिता और मैं समग्र
रो पड़ा मैं फूट फूटकर पिता नहीं रोये जिम्मेदारी वश
जब माँ मरी

17. मैं कौन हूँ?

मैं कौन हूँ?
तुम्हारे मन का तर्पण?
नहीं!
तो क्या तुम्हारे मस्तिष्क में उभरा एक भित्ति चित्र?
नहीं!
या फिर वह व्यक्तित्व आलोक
जो तुम्हारे ही अंतर्मन में बना है?
नहीं!

तो आखिर मैं कौन हूँ?
एक हिन्दू
जो मेरे जन्म से ही मेरे व्यक्तित्व पर लादा गया है
या फिर एक देश का नागरिक
जो मुझे बांधता है सरहदों में
सीमित कर देता है पृथ्वी के भूखंडों में
जो किसी मनचले की खोज है?
नहीं!

या फिर एक मुस्लिम
जो मुझे किसी ने कहा कि बन जाओ

नहीं!

॰॰॰॰॰

या फिर कहीं एक ईसाई तो नहीं
जो मुझे किसी ने बाइबल पढ़ते हुए
देखा और पूछा...तुम ईसाई हो?
नहीं!

॰॰॰॰॰

सड़कों पर गिरा
लहूलुहान हुआ
अगले दिन अखबार में खबर छपी
मज़दूरों का विरोध प्रदर्शन...कम्युनिस्टी साजिश
कहीं मैं कम्युनिस्ट तो नहीं?
नहीं!

॰॰॰॰॰

एक दफ़े मैंने अपना स्वर ऊंचा किया और चिल्लाया
चिल्लाहट हुई
एक आदमी ने मुझे गाली दी और कहा...दोगला
कहीं मैं दोगला तो नहीं?
नहीं!

॰॰॰॰॰

एक आदमी ने मेरी कविताएं पढ़ीं
फिर कहा...आप बहुत अच्छा लिखते हैं
क्या आप एक कवि हैं?

नहीं!

❧❧❧

मैं घर से निकला बगीचे में गया
पौधों को पानी दिया और घर को लौटने लगा
तभी एक आदमी ने कहा
आप प्रकृति प्रेमी लगते हैं
क्या आप हैं?
नहीं!

❧❧❧

मैं घर में आया और किचन में खाना बनाने लगा
तभी डोर बैल बजी
मैं एप्रेन पहने हुए ही दरवाजा खोलने लगा
मुझे एप्रेन पहने देख दरवाजे पर खड़े आदमी ने पूछा
क्या आप अविवाहित हैं?
नहीं!

❧❧❧

कुछ समय बाद मैं एक लड़की के साथ घूमने लगा
पड़ोसी मुझे देखते और पूछते
क्या तुम उस लड़की के दोस्त हो?
नहीं!
तो क्या प्रेमी हो?
नहीं!
अच्छा तो क्या तुम साथ में पढ़ते हो?
नहीं!

तो फिर क्या हो तुम?

❧❧❧

मैं जो हूँ
वह तुम्हारे आलोक में समा नहीं सकता
मेरी सीमाएं तुम्हारी सीमाओं में बंध नहीं सकतीं
मेरा व्यक्तित्व तुम्हारे शब्दों, उपमाओं और अलंकारों से
विकृत होता है
तुम्हारे बनाये खोखले अनुबंध मुझे टोकते हैं, रोकते हैं
तुम्हारे बोले गए शब्दों की गूंज से
मेरे कान दुखते हैं!

❧❧❧

तुम जब पूछते हो कि
क्या मैं एक प्रेमी, कवि, हिन्दू, मुस्लिम, ईसाई, प्रकृति
प्रेमी, कम्युनिस्ट या एक दोगला हूँ
तब तुम मेरे विस्तृत व्यक्तित्व को समेटते हो
उसे बांधते हो!

❧❧❧

इन शब्दों में जो तुमने अपनी अनुकूलता और सुविधा को
ध्यान में रखकर बनाया है
इन शब्दों में जिनमें तुम अपने अनुभवों और पूर्वाग्रहों से
ग्रसित हो
और तुम मुझसे पूछते हो
कौन हूँ मैं?
तो सुनो,

विशेक

मैं इस ब्रह्मांड की भांति
एकल, संपूर्ण और उन्मत्त हूँ।

18. मैं पूरब का वासी

मैं पूरब का वासी
रहता हूँ दूरस्थ पश्चिम से
कौतूहल, उन्मत्त स्वर में
जब तुम पुकारती हो
मेरा अल्प नाम
दूरस्थ पश्चिम मुझे खींचता है
जैसे तुम खींचती हो मेरा हाथ और
भींच लेती हो बाहों में
हाय! का स्वर
मुखर मुख से मेरे फूट पड़ता है

प्रिय शब्द, प्रीतिकर, मनोहर, मनोरम
हाय! कितनी ओजस्वी हो तुम
कर दिया है तुम्हें तर्पण
अपना समग्र आलोक

मैं पूरब का वासी
रहता हूँ दूरस्थ पश्चिम से
कौतूहल, उन्मत्त स्वर में
जब तुम पुकारती हो

मेरा अल्प नाम
दूरस्थ पश्चिम मुझे खींचता है

• 47 •

19. एक लड़की है

एक लड़की है
आठों पहर को है, मिलने को आतुर
राजीवनयन है, तरुण है उसका यौवन
पहनती है कानों में वो, चांद की शीतलता सी झुमके
कांतिमान् है उसका मुख
लालिमायुक्त ओझ और नश्वर
केश हैं उसके सरिता से उन्मत्त
उत्कल बहते, लहराते, बल खाते
मेरे मुख पर ओस की सी बूंदे बुहारते

मैं असिमता के बोध में
शजर का सा तना
झुककर, व्यथा, व्याकुलता से परे
भेंट रहा हूँ
उसका आलिंगन
तरुण, नश्वर प्रेम के फुट रहे हैं
नव अंकुर
तिमिर जंगल का छट रहा है
अंधेरा
गोधूलि की हो गई है बेला
फिर भी सूरज डूब नहीं रहा

बिखेर रहा है अब भी
उष्मीय ताप
कुछ अलौकिक हो रहा है
घटित
दूर शजर पर बैठी गौरैया
गा रही है गीत
जिसके बोल हैं कि...
अचंभा प्रेम का है उपयुक्त पर्याय!

20. वास्तविक और कल्पना

मैं कुछ लोगों से मिला
कुछ यानी कि वही तीन चार लोग
वे बहुत खुश थे
क्योंकि वे कल्पनाएं कर रहे थे
फाख्ता पक्षी की, सुंदर वसन्त की, कोपलों में ठहरे जल
की,
एक शहर की जो दिन रात की भागदौड़ से उक्ताकर सो
रहा है,
एक ऐसे शहर की जहां गाड़ियों की पों पों से मधुर संगीत
निकल रहा है,
एक गांव की जो थोड़े से में ही समृद्ध है
पूर्ण है, खुशहाल है
एक ऐसे प्रेमी युगल की जो यह जान चुके हैं कि आखिर
प्रेम क्या है?
एक ऐसे सपने की जो जीने की आशा से उन्हें भरे हुए है

वे कुछ लोग
जो बहुत खुश हैं; वे इस बात से अनभिज्ञ हैं कि वे मेरी
कल्पनाएं हैं

पर फिर भी वह मुझसे पूछ रहे हैं,
तुम यहां क्या कर रहे हो
तुम कौन हो?
क्या हमारी ही कोई कल्पना हो?
मैं स्तब्ध हूँ
क्या जवाब दूं
वे मुझपर हंस रहे हैं
मैं आशंकित हो चुका हूँ; इस आशंका में अस्तित्व का
खतरा है
क्या वास्तविकता कल्पना है?
या कल्पना वास्तविकता है?

21. नर्म और उत्पीड़ित स्त्रियां

मैंने पूर्वजों से
सुनी दंत कथाएं
जिन कथाओं में थीं
नर्म और उत्पीड़ित स्त्रियां
कठोर दिल और कुंठित पुरुष

नर्म और उत्पीड़ित स्त्रियां
रहती थीं कठोर और कुंठित पुरुषों के संग
घर के कोने में जिनका था चूल्हा
जहाँ वह यातनाएं सहते हुए बेलती थीं गोल रोटियां
घर के कोने में ही रहती थीं डरी सहमी
वहीं सो जाती थीं खाकर मार और गालियां

पुरुष जाते थे काम पर फिर भी थे एकदम निठल्ले
पीते थे शराब और शराब संग पी जाते थे स्त्री की गरिमा
उनकी टांगों के मध्य कामुकता का बहता था सागर
उस सागर में स्त्रियां डूब जाती थीं अफ़नाती थीं
बच्चों के छूट जाने के डर से

वह नहीं छोड़ पाती थीं गन्दला सागर

बच्चों के चेहरों पर
उन स्त्रियों का टिका रहता था मनोबल
बच्चों की ही मुस्कान देख
वह बेल पाती थीं गोल रोटियां
जिसे पुरुष चट कर जाते थे गिनाते हुए खामियां

घर के चूल्हे की आग के लिए
स्त्रियां बुझा देती थीं पेट की ज्वालामुखी
धरा की आग से उगे दरख्तों से
तोड़ लेती थीं चंद सूखी टहनियां
गेहूँ की फसल कट जाने के बाद जो बच जाती है ठूठ
उन ठूठों को चुनने में स्त्रियों के पाव हो जाते थे लहूलुहान
लहूलुहान हुए पैरों के पद चिन्ह से
धरा पर दर्ज़ हो जाता थी स्त्रियों की संघर्ष गाथा

बच्चे जब हो जाते थे थोड़े सयाने
और छप्पर की छत पर
जब चल लेते थे सम्भलकर
तब उनके हिस्से में आ जाती थी
माँ की थोड़ी जिम्मेदारी काम में थोड़ी हिस्सेदारी

वह दौड़ पड़ते थे धूप में नंगे पांव
खेतों की ओर चंद जूट के बोरे लिए
कम्पाउं से कटती फसल देख
खिल उठता था उनका मासूम चेहरा
तकनीकी की खामी से
जब छूट जाती थीं चंद गेहूँ की बालियां
वह लेते थे उन्हें बोरे में भर और लाते थे घर

❧❧❧

स्त्रियां हाथों से छुड़ाकर उन बालियों से अनाज
बेच दिया करती थी साहूकार को
जिससे मिलते थे चंद सिक्के
उन चंद सिक्कों से आता था घर का राशन
बच्चों के पेट की आग बुझती थी
और पुरूष का चूर होता था घमंड

❧❧❧

मैंने पूर्वजों से
सुनी दंत कथाएं
जो कहीं से भी दंत कथा नहीं लगती हैं।

22. मेरे कस्बे में

मेरे कस्बे में आये हैं
दो लोग
उन दो लोगों के साथ
आया है एक
नन्हा बच्चा

बच्चे के मुख पर है
सूर्य सा तेज
आँखों में हैं मटमैले
सपने

मटमैले सपनों के इर्दगिर्द हैं
दो लोग
दो लोगों के बीच में है
नन्हा बच्चा

उन दो लोगों ने नहीं पढ़ा है
भूगोल न ही अर्थशास्त्र
न ही जानते हैं महिलाव का मं

औ न ही जानते हैं पुरुषवाद का प

❧❧❧

वह न ही लड़ते हैं बात बात पर
न ही बिफरते हैं काम को लेकर
कभी कोई पका देता है
दो वक्त की रोटी
तो कोई कभी धो देता है
कुलजमा दो लत्ते

❧❧❧

वह दो लोग जाते हैं काम पर
साथ में जाता है
नन्हा बच्चा
नन्हे बच्चा नहीं जानता
क्या होता है क्लासरूम
वह जानता है कि ईंटों से
बनती है इमारतें
जहाँ उसके सपने होते हैं
और मटमैले

❧❧❧

वह दो लोग और वह
नन्हा बच्चा
उनके पैर काटते हैं दुनिया
का चक्कर
उनका पेट जानता है भूख का

भूगोल
उनकी जेब जानती है सिक्कों का
अर्थशास्त्र

❧ ❧ ❧

वह नहीं रहते कहीं टिककर
न ही सोते हैं आलीशान घर में
वह नहीं खाते पाश्चात्य की रोटी
वह नहीं सोते मखमल की नींद
उनके सपने नहीं होते
मटमैले से सुर्ख सुनहरे

❧ ❧ ❧

जब मैं बच्चे को देखता हूँ तो
मेरे मुख पर झा जाती है
विस्मय की रेखाएं
पर बच्चे के मुख पर
मुझे देख आ जाती है मुस्कान

❧ ❧ ❧

मुस्कान में तैरते हुए बच्चे को
उठाता हूँ मैं गोदी में
उसकी खिलखिलाती हँसी
मेरे कानों में कहती है कि
यही है जीवन का यात्रावृत्तांत

23. कोई लौट आया है

सम्यक परिचय की भाषा में
मैंने कहा
कोई लौट आया है

सम्यक परिचय ने उत्तर दिया
कोई लौटता नहीं

सम्यक परिचय की भाषा में
मैंने फिर से कहा
मन से लौट आया है कोई

सम्यक परिचय ने फिर से उत्तर दिया
मन लौटता नहीं, वह तो भटकता है
कहीं भी ठहरता नहीं

सम्यक परिचय की भाषा में
मैंने एकबार फिर से कहा
तन से लौट आया है कोई

❧❧❧

सम्यक परिचय ने एकबार फिर उत्तर दिया
तन लौटता नहीं
वह तो मन की तरह भटकता भी नहीं
वह चलते फिरते नष्ट हो जाता है

❧❧❧

सम्यक परिचय की भाषा में
मैंने क्रुद्ध होकर फिर से कहा
तुम्हारी भाषा अनच्छ है

❧❧❧

सम्यक परिचय ने धैर्यपूर्वक कहा
तुम्हारा वाक्य अपूर्ण है

24. एकांत

भीड़ से और कोलाहल से घबराकर
लोगों की पीड़ाओं को सहते हुए
मैं सन्ताप की आड़ में
खोजता रहा एक कोना
जिस कोने में मैं कर सकूं विलाप

सहसा मुझे दृष्टिगोचर हुआ
मेरे मन का तिमिर अंधेरा
जिस तिमिर अंधेरे में मुझे दिखा
मेरा एकांत

मेरे एकांत में भीड़ का न था
कोई नामोनिशान न ही कोई कोलाहल
और न ही कोई पद चिन्ह
मेरे एकांत में था मैं और था मेरा एकांत
खून से लथपथ लहूलुहान औंधे मुँह गिरा हुआ

मैंने अपने एकांत को उठाया
उसे गले लगाया और साफ किये उसके ज़ख्म

"

ज़ख्म के लहू से लहूलुहान हो गया मेरा अंतर्मन
इस तरह धुल गया मेरा अंतर्मन और हो गया सुर्ख लाल

❦ ❦ ❦

मैंने अपने एकांत से पूछा कि
आखिर किसने की तुम्हारी यह हालत
उसने उंगली उठाई और कर दिया मेरे सम्मुख
यह देख मैं तिलमिला उठा और कहा

❦ ❦ ❦

तुम्हारी यह जुर्रत तुम मुझे दोषी ठहराते हो
मैं तुम्हें छोड़ूंगा नहीं
तस पर तीस मैंने अपने एकांत को किया खुद से दूर
और पैरों से रौंदते हुए मैं वापस चला आया भीड़ में
कोलाहल में लोगों के बीच

❦ ❦ ❦

भीड़ मुझे देखकर हो गई हैरान
सबकी नजरें मुझ पर टिक गईं और मैं हो गया क्षुब्द
मैं घबराहट से हो गया पानी पानी
मेरे माथे से बहने लगा पसीना
जब मैंने पसीना पोंछा तो देखा सुर्ख लाल

❦ ❦ ❦

मेरा एकांत मेरे पसीने में लहू की तरह बह रहा था
मैं भागता हुआ भीड़ को चीरता हुआ
वापस आया अपने एकांत के पास

लहूलुहान पड़े मेरे एकांत ने मुझे देखा और हँस पड़ा

❧❧❧

मैंने अपने एकांत से पूछा हँसी के पीछे की वजह
वह फिर हँसा और बोल पड़ा
तुम भीड़ में कोलाहल में भी मुझसे मुँह नहीं मोड़ सकते
मैं तुम्हारे रगों में खून की तरह दौड़ता हूँ

❧❧❧

यह सुन मैंने अपने एकांत को गले से लगा लिया
और उसका हाथ थामे लौट आया भीग में कोलाहल में
मैं लोगों को देख रहा था पर लोग मुझे नहीं देख रहे थे

❧❧❧

लोग उन लोगों को देख रहे थे
जो अपने एकांत को अकेला छोड़कर
भीड़ में खड़े थे कोलाहल में खड़े थे
मुर्दाये हुए से सहमे हुए से

❧❧❧

उन तमाम लोगों को भय था कि
कहीं उनका अकेलापन उन्हें दृष्टिगोचर न हो जाये
जो कहीं लेटा हुआ है औंधे मुँह
खून से लथपथ लहूलुहान
जो लहू उन लोगों की रगों में दौड़ रहा है

25. गौरैया का शोकगीत-2

भोर से ही
जब बिस्तर छोड़ा और
घर को लगाया
ताला
चला चल रहा हूँ
मुझमें चुक गया है
मानव भूखंड

गोधूलि की आ गई है
बेला
पहुँच गया हूँ
एक विशालकाय जंगल में
एक बरगद के नीचे डाला हूँ
डेरा

हाँ, उसी बरगद के नीचे
जिस पर रहते हैं
भूत
मानव बस्ती से
दूर बहुत दूर

शायद इस डर से
वे रहते हैं दूर कि
कहीं चुक न जाए उनमें
मानव भूखंड

❦❦❦

पर मुझे नहीं दिए अभी तक दिखाई
शायद एक मानव के आने से
भाग खड़े हुए हों
छोड़कर विशालकाय बरगद
चले गए हों
दूर बहुत दूर

❦❦❦

गोधूलि की बेला से
अब हो चली है रात
जंगल है एकदम ख़ामोश निचाट शांत
मैं विकल हूँ देख यह
दृश्य
मौन, क्षणिक भी न
गुंजायमान

❦❦❦

मेरी आंखें तलाश रहीं हैं
उस गौरैया को
जो गाती है
सबके हिस्से का

शोकगीत

❧❧❧

गुम है या शायद
सबके हिस्से के शोकगीतों ने कर दिया है उसे
शोकाकुल
करने क्षणिक विश्राम
शायद चली गई हो
जंगल छोड़कर
दूर बहुत दूर

❧❧❧

अपने हिस्से के शोकगीत को
आप ही गुनगुनाने!

26. जंगल की आग

दूर बहुत दूर
एक जंगल में लगी है भीषण आग
दरख़्त कर रहे हैं चीख़ चित्कार

एक गौरैया चोंच के भीतर
लिए हुए है साहस का पानी
दरख्तों पर उड़ेल रही है
अपने हिस्से का साहस

एक ईश्वर मुँह बाए
चेहरे पर मुस्कान लाए
घूरे गौरैया को मंद मुस्काये

एक बगुला शातिर मन का
जल में खड़ा करता मछली का शिकार
भूख की आग बड़ी है उसकी
जंगल की आग तिनके का भार

एक केंचुआ रेंग रेंग कर
करता राह सुगम तैयार
नीर आये वह राह पकड़कर
बुझाए जंगल की आग

एक बहेलिया पक्षी पकड़े
और अपना जाल बचाये
जंगल दरख़्त की किसे परवाह

दूर गगन में सूरज दमके
बढ़े गर्मी और जंगल की आग

एक है मनुष्य जाति
डूबी मद में भोग विलासी
संसाधनों का भंजन करती
धरा की वह न चिंतन करती

उसे नहीं है जंगल की चिंता
न ही धरा की कल की चिंता
धुत्त पड़ा है वह मद में
ईश्वर की वह पूजा करता

दूर बहुत दूर
एक जंगल में लगी है भीषण आग
दरख़्त कर रहे हैं चीख चित्कार

27. मनुष्य बनने का सपना

जब होगी गोधूलि की बेला
पक्षी थककर अपने अपने घोंसले में लौट आएंगे
नींद भी लौट आएगी
ऊबकर; सोकर, थक हारकर
फिर हम लेंगे एक करवट
औंधे मुंह लेट जाएंगे
बिस्तर पर
फिर हम देखेंगे
एक सपना
एक दुर्लभ सपना
मनुष्य बनने का सपना
वो सपना जो शायद ही कोई देखता है
मनुष्य बनने का एक दुर्लभ सपना!

28. हम नींद की राह देखेंगे

हम नींद की राह देखेंगे
उस नींद की
जिस नींद का कोई आकार नहीं है
जिस नींद का कोई दर्ज़ा नहीं है
जो नींद सबकी आंखों में है
समान रूप से
पर,
हमारी आंखों में से यह नींद गायब हो गई है
हो सकता है कि नींद कहीं चली गई हो
या फिर सो गई हो
खुदबखुद
थककर कहीं किसी बगीचे में
वसंत ऋतु में
पत्तों की सरसराहट के बीच
भीनी भीनी मिट्टी की खुशबू के बगीचे में
किसी खाट पर लेटी हो
मदमस्त होकर
हम नींद की राह देखेंगे
गोधूलि की बेला तक
वापस अपनी अपनी आंखों में लौट आने के लिए

टिमटिमाने के लिए!

29. मृत्यु

मैं जब उनके पास गया
वे मर चुके थे
उनके मरने का कुछ हिस्सा मेरे जीने में शामिल हो गया
वे जीने से भागकर नहीं मरे थे
बल्कि,
वे मरने से भागकर जीने के लिए मरे थे
जीने में इतना मरना
मैंने पहली बार देखा था
यह दृश्य इतना मृत था कि
मेरे भीतर कुछ मरा हुआ
जीवित हो उठा
और मेरी ही आंखों से देखने लगा
वह मृत दृश्य
यह पहली बार था कि मेरी आँखों ने दो बार देखा
पहली बार की आंख और दूसरी बार की आंख के बीच
जीने और मरने का अथाह अंतर था!

30. हम दोनों

हम दोनों ने एकदूसरे का हाथ थामा
और सरपट दौड़ पड़े
जैसा कि किस्से, कहानियों और फिल्मों में होता है
एकदम सुर्ख और कांतिमय
उस क्षितिज की ओर दौड़े जहां
लगभग सूरज डूबने को था
हमने सूरज डूबते हुए साथ में देखा
हाथ थामे हुए की भनक
हाथ को भी नहीं हुई
ऐसा किस्से, कहानियों और फिल्मों में नहीं होता है
वहां स्क्रिप्ट होती है
सब कुछ पहले से तय होता है
पर, हमारे बीच में है
एक खलिश प्रेम की अनुभूति
उगती, डूबती
क्षितिज पर सूरज की तरह
कभी न मिटने के लिए
लेकिन तपिश, बेचैनी और नर्म, गर्म स्पर्श से युक्त!

31. कोलंबस

कुछ विधाएं सध गईं
कई नए गोलाद्‌र्ध बने और कई नए बने
क्षितिज के बिंब
कोलंबस की भांति मैं ढूंढता रहा
नव द्वीप और जीवन की नव कड़ी
कल्पित और नव सृजन की ऊष्मा लिए
मैं नाव लिए
पतवार चलाते
चकित, किंचित और भयभीत
नव सृजन को आतुर
ढूंढ लिया नए गोलाद्‌र्ध और क्षितिज के बिंब
कोलंबस की भांति सफल रहा
नव द्वीप रचा
नव जीवन सींचा

32. बिंदु

जिस बिंदु पर हम आ मिलें हैं
वहाँ से निकली हैं
सरिताएं
बहती उन्मत्त होती
तुम्हारी जुड़े की सी बालों के खुलने—की भांति
ओह!—
शैलजा की नश्वरता में झूलती
सरिताएं
बहती रहना
विशालकाय पर्वतों की बाधाओं को रोप लेना
अपने बालों में और—
बना लेना जुड़ा
कि बंध जाना होता है—कभी कभी
मुक्त होने के लिए

33. कौन हो तुम?

कुछ लोग
एक आदमी से मिले और पूछने लगे
कौन हो तुम?
उस आदमी ने कहा
थोड़ा तुम्हारी नज़र में उठा हुआ
थोड़ा उसकी नज़र में गिरा हुआ
और थोड़ा सबकी ही नज़रों में खटकता हुआ
यही हूँ मैं
यही है मेरा समग्र परिचय!

34. दुःख

दुःख कहीं से भी आ सकता है
मुँह खोले
तुम्हारी समग्रता को
लील जाने की ताक में
तुम बहुत ज्यादा कुछ नहीं कर सकते
सिवाय की दुःख का हाथ पकड़ लो
और उसे अपने पास बैठा लो
उससे दो बातें करो
उसके स्वभाव को पहचानने की कोशिश करो
देखो की वह तुम्हें कैसे
प्रबुद्ध करता है और
तुम कितनी खूबसूरती से उसे विदा कर सकते हो!

35. आदिम जाति

मैं हूँ आदिम जाति में जन्मा
जानवर की खाल ओढ़े
काठ गाड़ी में जुता हुआ
खींचने को अभ्यस्त

यात्रियों की देह और
उनके परिश्रम रूपी सामानों को खुद पर लादे हुए
घोड़े की रफ़्तार से सड़कों पर दौड़ता
मेरी दौड़ में रफ़्तार में नहीं है
घोड़े की सी फुर्ती
न ही मैं हिनहिनाता हुआ
कभी कभी
कर सकता हूँ प्रतिकार

मेरी रोटी की भूख और सपनों की सनक से
त्वरित होते हैं, मेरे आदिम पैर
पर मेरे पैरों की पदचाप और स्पंदन से
यह भूखंड नहीं हिलता
और न ही मेरे माथे से चूते पसीने से
पिघलती है पूंजीवाद की गर्मी

❧❧❧

मैं आदिम जाति में जन्मा
जानवर की खाल ओढ़े
काठ गाड़ी में जुता हुआ
खींचने को अभ्यस्त

❧❧❧

जब मैं खींचता हुआ
काठ गाड़ी को अपने कंधों पर दौड़ता हूँ
तब इस दुनिया को मिलती है गति
किताबों में लिखे गति के नियमों से अनभिज्ञ
मैं अपने वेग और चाल से
चलाता हूँ यह दुनिया

❧❧❧

मेरी पेट की आग से
मेरे पैरों को मिलती है गति
मेरे तरुण और विपुल सपनों से
अधिक यात्रियों के साथ अधिक सामान
को ढोने के लिए मुझे मिलती है प्रेरणा

❧❧❧

मैं आदिम जाति में जन्मा
जानवर की खाल ओढ़े
काठ गाड़ी में जुता हुआ
खींचने को अभ्यस्त

36. ऐसे वैसे

लड़कियां ऐसी होती हैं
लड़के वैसे होते हैं

होते के पहले
कोई नहीं बता पाया
कुछ भी न होने का मतलब

न होना समाज को नहीं पचता
हो जाने में समाज का
मुँह बिगड़ जाता है

चाहे लड़कियां वैसी हो जाएं
या फिर लड़के ऐसे

37. भुइजाल

जब तुम अपनी सिमटी विरासत
शब्दकोष के मकड़जाल में
शब्द भुइजाल को
तलाशने की अनायास कोशिश में टूटकर
चूर हो जाओगे
और जब लाख कोशिशों के बावजूद भी
नहीं दृग होगा शब्द भुइजाल

❧ ❧ ❧

ठीक वैसे ही जैसे तुम्हें नहीं दृग हुआ
किसी के मन का विरक्त तिमिर
बजते माउथ ऑर्गन में दबा हुआ आलाप
ईश्वर की स्तुति करता भय से ग्रसित समाज
प्रेम में चैतरफा मुसीबतें झेलता प्रेमी युगल
भूख से पेट काट लेने वाला एक तबका

❧ ❧ ❧

तब तुम्हें अहसास होगा कि
कितना सीमित है तुम्हारे शब्दकोष का दायरा

फिर तुम्हें बनाने पड़ेंगे नए शब्द
करना होगा अपने विरासत का विस्तार
जगह देनी पड़ेगी उन्हें
जिन्हें तुम्हारे सीमित शब्दों के घेरे ने दिया है नकार

❧❧❧

करनी पड़ेगी उनकी भी फ़िक्र
जो बने हैं भावनाओं से और
निखरते हैं प्रेम से

❧❧❧

फिर तुम जान जाओगे की कितना संकीर्ण है
तुम्हारा शब्दकोश!

38. हम लौटते हैं

हम लौटते हैं
पैरों को करके लौटने के लिए
अभ्यस्त

पैरों के मुड़ने और पदचाप से
बनते हैं निशान

लौटने को
अभ्यस्त लोग लौटते हैं मुड़ मुड़ कर
करते हैं लौटने का
अभ्यास

अभ्यास की श्रृंखला बनती है बिगड़ती है
पदचाप की ध्वनि की
संकाय की गूंज और बौर की आहट के साथ

लोग समस्त रूप से थोड़ा थोड़ा
लौटते हैं

जैसे लौटना एक निराशाजनक
और आशाजनक क्रिया हो

39. प्रेम की पुकार

जब हमें प्रेम पुकारे
तो नंगे पैर चल पड़ना चाहिए
बुद्धिमत्ता को त्यागकर
मन की आसक्तियों को बुहारकर
कुंठाओं एवं वंचनाओं को भुलाकर

निर्मल एवं कोमल भाव से
प्रेम की उंगली थामे
प्रेम का मुँह ताकते हुए
रास्ते और मंजिल की फ़िक्र भुलाकर

कुंठाओं एवं आसक्ति रूपी
कंकड़ पथरों को लात मारते हुए
एक बच्चे की भांति
जो अपने रास्ते में आने वाले
सभी कंकड़ पथरों को
पैर से बुहार देता है हँसी के साथ दर्द को भुलाकर

नदी के उस बहाव की तरह
जिसका उद्गम उसे ज्ञात है लेकिन
अंत का भान नहीं फ़िक्र नहीं
रास्ते में आने वाले अड़चनों को
बहाव से काटते हुए
जैसे काटता है बाढ़ का बहाव
मृदा को दरख्तों को भुलाकर

❧ ❧ ❧

वसंत ऋतु की पहली पहर की तरह
बेसुध आने वाले दिनों को लेकर
दरख्तों, पत्तों और पतझड़ को लेकर
उदासीन मनमुग्ध वसंत में वसंत ऋतु के आनंद में
वसंत ऋतु में आने वाले नए पल्लवों की खुशी में झूमकर
दरख्तों से जुदा हो जाने वाले पत्तों को भुलाकर

❧ ❧ ❧

जब हमें प्रेम पुकारे
तो नंगे पैर चल पड़ना चाहिए
बुद्धिमत्ता को त्यागकर
मन की आसक्तियों को बुहारकर
कुंठाओं एवं वंचनाओं को भुलाकर

❧ ❧ ❧

प्रेम हमें चुन लेता है मनुष्यता की धमनियों में
प्रेम सींचने के लिए
जिस मनुष्य की रगों में प्रेम दौड़ता है

वह महामानव बन जाता है

40. ईश्वर

मैं पूजता था एक ईश्वर को
अथाह श्रद्धाभाव और बड़े मन से
उस ईश्वर की स्तुति में मैं गाता था भक्तिगीत
और लिखता था प्रेयसी को प्रेम-पत्र

ईश्वर की कृपा और उदारता से
मेरे प्रेम पत्रों में उमड़ता था अथाह प्रेम
अथाह प्रेम से शब्दों में आ जाती थी
मार्मिकता, नवीनता और सद्भावना

एक दिन मैं निकला अपने घर से
और बाहर देखा एक उन्मादी भीड़
जिन्होंने उठाया हुआ था मेरे ईश्वर को
अपने कंधों पर और लगा रहे थे नारे

जय श्री राम जय श्री राम
यह देख मैं हुआ बहुत खुश प्रसन्न चित्त
मैं पैठ गया भीड़ के बीच में ईश्वर के करीब जाने को
मैंने छूना चाहा ईश्वर को जो थे एक श्रद्धालु के कंधों पर

एकदम मौन निचाट पत्थर

❧❧❧

मैंने भीड़ को चीरा और लगाया जय जय कार
मुख से मेरे निकला अल्लाह अल्लाह
ईश्वर की पुकार में स्तुति में
अथाह प्रेम और श्रद्धाभाव से

❧❧❧

मेरे मुख से निकले शब्द मेरे लिए पीड़ा बने
मैंने शब्दों का भी विस्तार किया उनका रुख मोड़ दिया
करने लगा यीशु मसीह की जय जय कार
ईश्वर की पुकार में स्तुति में
अथाह प्रेम और श्रद्धाभाव से

❧❧❧

यह सुन भीड़ मुझे घूरने लगी
सबकी निगाहें मुझपर टिकने लगीं
मैंने एकबार फिर शब्दों को मोड़ दिया
और करने लगा नानक का ध्यान
अथाह प्रेम और श्रद्धाभाव से

❧❧❧

यह देख भीड़ ने ईश्वर को कंधे से उतार दिया
रख दिया ईश्वर को सड़क के बीच
भीड़ की बाजुएं मुड़ने लगीं
यह देखकर मैं तनिक न व्याकुल हुआ

इस बीच याद आये मुझे वह प्रेमपत्र
जो मैंने अपनी प्रेयसी के था नाम लिखा
ईश्वर की कृपा और श्रद्धा के बल पर

❧❧❧

भीड़ मुझको घेरने लगी
कोपभाजन के संकेत उनके मुख पर दिखने लगे
एक हाथ ने मेरे कॉलर को पकड़ा
गिरा दिया मुझे बीच सड़क पर
फिर कई पैर मुझे रौंदने लगे

❧❧❧

मेरे ही बगल में मुझे ईश्वर दिखे
भीड़ की टक्कर से गिर गए
वह सड़क पर औंधे मुँह
भीड़ ने ईश्वर के गिरने की आवाज़ न सुनी
जैसे न सुनी आवाज़ मनुष्यता के गिरने की

❧❧❧

तत्क्षण मेरा सिर लहूलुहान हो गया
खून से सड़क सुर्ख लाल हो गया
मेरा रक्त सड़क पर बहने लगा
मैं धीरे धीरे बेसुध होने लगा

❧❧❧

ईश्वर भी हुए लहूलुहान मेरे खून से
काया बदली उनकी मेरे ही खून से

भीड़ उन्मादी पीटती ही रही
मैं और ईश्वर दोनों मौन रहे

41. लेखक परिचय

विशेक उत्तर प्रदेश के गोरखपुर जिले के एक छोटे से गांव में पैदा हुए हैं। वर्तमान समय में दिल्ली में रहते हैं और दिल्ली विश्वविद्यालय से हिन्दी पत्रकारिता एवं जनसंचार विषय से स्नातकोत्तर की पढ़ाई कर रहे हैं।

अभी तक विशेक की दो कहानी संग्रह "सवा इंच प्यार , यादों का इतिहासकार" और दो कविता संग्रह "नेपथ्य में विलाप" और "Unfolding Oneself" प्रकाशित हो चुकी है। जो ऐमज़ॉन और फ्लिपकार्ट पर उपलब्ध है। इसके साथ ही विशेक ने विश्व प्रसिद्ध लेखक खलील जिब्रान की उत्कृष्ट पुस्तक "मैड मैन", जर्मनी के महान दार्शनिक फ्रेडरिक नीत्शे की दुर्लभ कविताओं "पतझड़" एवं विश्व प्रसिद्ध कवि रूमी के जीवन, विचार एवं कविताओं का हिन्दी भाषा में अनुवाद भी किया है। ये अनुवाद कार्य भी ऐमज़ॉन और फ्लिपकार्ट पर उपलब्ध हैं।

सम्पर्क:-

vishekgour@gmail.com